Le concept en poèmes

CHRISTINA GOH

Autres œuvres de l'auteur

Le chant des cœurs (Poésie)

Le concept en poèmes…
2010. Christina Goh. Tous droits réservés.
ISBN : 978-2-9536553-0-8

LE CONCEPT EN POEMES

*Pour ces musiciens,
qui par la maîtrise de leur art,
ont donné aux mots une autre saveur...*

*Gotham, Stéphane, Fred, Hervé,
Philippe, Pierre-Yves...*

Merci.

Mot de l'auteur

Cet ouvrage est une expérience inédite.

Raconter différemment l'album musical
« Christina Goh Concept » dont je suis la
principale interprète.

Chaque chapitre du recueil est une illustration d'un
titre de l'opus. Exprimer ainsi les chansons
autrement, parcourir avec d'autres mots, les thèmes
abordés et surtout, surtout faire durer le plaisir…

J'espère que ce livre vous donnera l'envie de
découvrir et de réécouter l'album !
Je vous souhaite une belle lecture.

Bienvenue dans mon monde…

Poétiquement,

Christina Goh

CHRISTINA GOH CONCEPT

Ne le dites pas tout haut :

Elle pense pouvoir rêver,

Ne cesse d'écrire, de chanter…

Elle croit que les harmonies

Existent. Voudrait faire danser,

Les corps au rythme des tambours,

Swinguer le cœur avec des fils… (Rires)

Du bois. N'est-elle pas inconsciente ?

Depuis quand la terre se meut-elle ?

Elle restera poussière, loin du ciel…

…
Quoi ?
…

Elle dit que le ciel est déjà sur terre…

Musique !

I
J'AI FUI

Ce sont ces moments d'intensité qui font mal…
Disputes acharnées, colères rentrées, terribles non
dits. S'échappent les mots à la chaux, brûlent les
regards de haine…

J'ai fui.

Ce sont ces odeurs…

Effluves embrumées d'alcool, sur les lèvres, sur la
peau, dans l'air, tout autour, celles qui tournent la
tête ; s'incrustent dans les veines, vin chaud dans
les artères du cœur qui déraille… Qui frappe…

J'ai fui.

C'est cette pauvreté cruelle…

L'inquiétude latente et permanente, la recherche
continuelle du minimum vital ; quand les miettes
constituent la plus grande des richesses. On se
déteste souvent, cobaye des plus nantis dans un
zoo d'humains…

J'ai fui.

C'est ce luxe total, cette absence absolue du désir…

S'étire si tôt l'ennui, perdure l'effervescence des sens stimulés sans cesse pour aiguiser les pensées sinueuses. Obsession des détails, organisation minutieuse des plaisirs onéreux, apparences folâtres et tatillonnes qui creusent l'intérieur…

J'ai fui.

Ce sont ces combats de titans…

Monstres affamés dont les suprêmes intérêts ont les atours de la raison. Quand tombent les hommes humiliés et pleurent les femmes meurtries, les enfants aux yeux hagards deviennent l'armée des dieux de la guerre…

J'ai fui.

J'ai fui,

Je vis.

Cavalcade

Entendez-vous la cavalcade ?
Ils courent à en perdre haleine
« Lâches », « fuyards »
Comme des pierres lancées au hasard
Les blessent parfois. Ils trébuchent…

Ils ont refusé l'affrontement
Les regards durcis et défiants,
Les lames acérées,
Les coups sanglants ;
Ils courent après la douceur…

Leurs poursuivants y prennent plaisir,
Agressifs, ont le cœur à l'ouvrage :
Eteindre l'espoir à tout prix
Déchirer la fragilité de l'émotion
Dominer, dominer, dominer…

Entendez-vous la cavalcade ?

Ils courent à en perdre haleine

« Lâches », « fuyards »

Comme des pierres lancées au hasard

Les blessent parfois. Ils s'envolent…

« On se descend, on se ressent,
La violence des sentiments… J'ai fui ».
Extrait de J'ai fui – Album Christina Goh Concept
– Christina Goh

II
MOIN LE ALLE
(« Je m'en vais » en créole)

La résolution se construit doucement.
Elle se bâtit dans le silence
Discrète, nous sommes sa résidence ;
Elle repose, invisible à l'œil nu.

Faits insignifiants, discours anodins,
Sont les éléments qui la font grandir…
De l'intérieur.

Surtout, ne vous y trompez pas,
La résolution a des sosies :
Murmures, plaintes, colères,
Promesses vaines en ont l'allure.

Attention !
La résolution prend son temps
Se dessine en filigrane puis s'affirme ;
Au détour d'une situation bénigne,
Elle prend les commandes de la raison.

Irrémédiable…

Quand elle s'installe, c'est pour de bon
Son plan a été soigneusement élaboré ;
Depuis longtemps on y pensait
Et les actes cimenteront la pensée.

Ainsi va la résolution,
Ainsi va la révolution.

Chez moi

Chez moi,
Où je suis bien,
C'est un pays,
Le pays de ton corps…

Chez moi,
Où tu résides.
Tout près de toi,
Tout près de l'affection…

Chez moi,
Où je me pose,
Enfin. Oh, tes bras…
C'est le creux de tes bras !

« Moin le alle la caze en moin… » (Je retourne chez moi)
Extrait de Moin le alle (Auteur J.Q. Louison) – Album Christina Goh Concept – Christina Goh

III
C'EST UN JEU

« Rire de tout…
Qu'ils sont donc énervants
A toujours rire de tout.
Ce culte de la dérision
Me stresse.

C'est pourtant si sérieux
La vie :
Prendre le temps d'analyser,
Etre prêt.
Travailler dur… Pour vivre.

Rire un peu…
Passe encore,
Mais l'existence, c'est trop sérieux,
En rire…
C'est douteux !

Regardez-les folâtrer…
Ils rêvent de bonheur !
Quelle inconsciente inconsistance…
Quel dommage !

Cette vie est un piège,
Ils se doivent d'être aux aguets,
Sinon ils échoueront…
Et gare !

Vivre c'est lutter,
Seule la mort apaise.
Ne le savent-ils donc pas ? »

…

Non.
Ils veulent être heureux.
De leur vivant.

« Les bonnes heures # bonheur »

Les bonnes heures…
Celles du rire, des joies éphémères…
Elles filent, glissent entre les mains
Mouillées des larmes des confusions
Des tours malicieux de la vie.

Oohhh, se plaint-on,
Quand on est heureux, ça passe si vite !
La langueur de l'ennui est éternité…
On voudrait que tout s'arrête…
Profiter à l'infini des bonnes heures…

Heureux avec lui ou elle,
Heureux ici ou là-bas,
Heureux avant, pendant ou après…
Quoi ? Trop de paramètres ?

Entre deux catastrophes,
Elles se préparent…
Ces bonnes heures…

Le bonheur lui, vient à l'improviste,
Bouleverse nos vies, l'air de rien,
Juste un visage plus lumineux,
Une chanson sur les lèvres...

Profondément ancré, il comble.
Avec et sans l'autre,
Quelque soit le lieu,
Qu'importe le temps…

Au plus profond de soi,
On le sait depuis toujours…
Le bonheur est entre nos mains.

« Et je ris de nous… Le défi, c'est la vie !»
Extrait de C'est un jeu – Album Christina Goh
Concept – Christina Goh

IV
EN EQUILIBRE

Il fait de plus en plus froid
Tout autour, se glace l'air...
Se cache le soleil, siffle le vent.

Pourtant j'ai chaud !
Transpire mon âme... Oui,
Bouillonne mon cœur,
Sous les feux... Emotions !

Nuages gris, humide pression
Demie pénombre, tristes rayons...
Douche glacée des temps...

Mais j'ai si chaud !
Crépitent les flammes, désirs...
Etincelles de vie... Incandescence !
Torche vivante, brûlante !

Le sang chaud dans mes veines,

Glisse... Fuel rougi par l'espoir !

Illumine sans consumer… Flamboie !

Il fait toujours aussi glacial,

Qu'importe…

C'est un brasier que mon cœur…

Tempéré, il risque de durer longtemps…

Sur le fil

Sur le fil...
Je marche à petits pas
Plaisir de l'équilibre...

Je joue avec la brise,
Elle m'embrasse,
Me frôle, je tangue...

Sur le fil...
Sur la pointe des pieds
Légère, plume d'or lumière
Les nuages me devinent
Puis m'oublient...
Le soleil m'illumine !

J'avance vers toi
Je ne veux voir que toi.

Sur le fil...

Je savoure ces secondes,

Mon cœur qui bat,

Mon corps qui tremble. Un peu.

J'arrive... Un petit saut. Enfin.

Je me love entre tes bras...

Je le sais. Depuis toujours.

Toi l'Amour, tu m'attendais.

«Je veux tenir sans avoir faim...»
Extrait de En équilibre – Album Christina Goh
Concept – Christina Goh

V
DANS L'OMBRE

Je te cherche… Tellement.
Pourquoi te caches-tu ?
Renonce à la crainte !

Je me languis tant et tant...
Ne le sais-tu donc pas… Encore ?
Ton amour ne me fait pas peur,
Je supporterai cette pression
Vois-tu, je suis née pour ça
Pour t'aimer.

Te donner une part de moi
Prendre un peu de toi aussi…
Comprends, c'est un partage,
Fusion parfaite de Nous.
Nous, c'est l'ultime…
L'ultime « toi et moi ».

Aucune vanité… Non,
Juste le besoin de bien vite m'atteler
A ce à quoi je suis destinée.

Ne le sais-tu donc pas ?
De l'ombre et de la lumière,
Naîtra notre incandescence…

Annonce

Je ne suis pas celle qu'on croit
Je suis aussi douceur…

Dans mes profondeurs,
Se cache souvent l'innocent…

Il subsiste une grande paix,
En mon sein, la volonté se dessine !

Mais ma réputation me précède
Détourne ma vérité, suscite l'effroi…

J'ai mes excès bien sûr…
Mais qui est parfait ?

Des bruits courent sur Lumière et moi,
N'écoutez pas les rumeurs…

Entre nous deux, vous n'avez de cesse
De choisir.

Pourquoi donc ?

Je m'harmonise si bien avec « Lumen »…

Oh, juste une précision...

Mon nom est Ombre !

« Ta peau de lumière m'appelle…
…. De l'ombre.»
Extrait de Dans l'ombre – Album Christina Goh
Concept – Christina Goh

VI
RAISON VOILEE

Comment tout savoir ?
Une vie n'y suffirait pas…

Etre ici et là-bas,
Difficile !

Remonter le temps pour voir…
Tout voir ?

Connaître tes pensées intimes…
Je ne peux que ressentir… Ou t'écouter.

Qui suis-je ?
Je le découvre chaque jour…

….

Et la raison ne serait pas voilée ?

Je regarde le ciel

Je regarde le ciel
Je n'y vois rien de ce qu'on m'a appris
Juste du bleu, un peu de blanc
Couleurs chatoyantes et changeantes
Aussi loin que porte mon regard
Je ne sens que de l'air,
Le trouble de l'immensité…

Et voguent les nuages, m'ignorent…

Dans l'océan de la vie,
Je me perds un peu… Souvent.
Mais t'aimer est mon ancre,
Devant l'horizon et les distances
Mes limites me paralysent… parfois.
Quand tu prends ma main…
Entre deux regards, l'amour rassure…

Et voguent les nuages, nous ignorent…

Un peu d'eau sur nos joues,

Larmes de tristesse, de colère ou de joie,

Entre ciel et mer, s'écrit notre histoire.

Qu'importe donc l'inaccessible !

Devant l'inconnu s'imposent nos désirs

Prennent forme les rêves d'harmonie,

Nous serons ce que nous sommes !

Et voguent les nuages…

« Vaut mieux laisser rêver, s'enraciner les idées, de celles qui sauvent vraiment. »
Extrait de Raison voilée – Album Christina Goh
Concept – Christina Goh

VII
SOLITUDE

Sublime solitude, disent-ils
Dans ses bras, on se retrouve
On se soigne, on reprend des forces.

Elle ne demande rien, affirment-ils,
Mais te donne tout, tout ce qu'il faudrait,
Et même plus : elle t'inspire !

Après la paix, te comble donc d'idées
Te renouvelle les pensées…
La solitude serait mère nourricière...

Ah bon ?
J'ai pourtant connu ses geôles
Et la solitude n'a pas eu pitié.

Elle m'a affamée d'amour,
M'a torturée la raison,
M'a laissée pour moribonde…

Elle me voulait pour elle seule,
Colérique, jouait avec mon âme
Et m'a menti sur ma nature.

Sublime solitude, disent-ils…
Au début, peut-être…
Voilà ma réponse.

Arc en ciel

Ca chuchote dans les couloirs du temps :
Qu'ont-ils avec leurs couleurs ?
Ne voient-ils pas l'arc en ciel,
On le fait pourtant souvent apparaître …

De la lumière et de l'eau…
Union du ciel et de la terre…
Harmonie des différences…
Miracles des natures…

Ca chuchote dans les couloirs du temps :
Qu'ont-ils avec leurs couleurs ?
A-t-on déjà vu le vert combattre le bleu ?
Le violet déteindre sur le jaune ?

C'est joli un arc en ciel…
On y fait si peu attention…
Le trésor caché à sa source,
Celui qu'on dit être une légende…

Et si c'était la tolérance de l'autre ?

« Solitude… Elle n'est plus mon amie, a rongé creusé ma vie…. »
Extrait de Solitude – Album Christina Goh
Concept – Christina Goh

VIII
LE ROCHER

Tu ris,

Lance le caillou dans l'eau,

Ruisselle ton bonheur !

Tu ris,

Te roule dans l'herbe verte,

Cadence ton plaisir !

Tu ris,

Escalade le rocher,

Illumine ma fierté !

Tu ris,

Et je me souviens :

J'ai joué moi aussi, autrefois…

Dans le ruisseau, le pré et sur le roc,
Sont marqués toutes nos empreintes…
Tu ris !

Confiance

Douceur du moment
En écrivant ces mots
Enfants qui jouent
Eclats d'un rire…
Le tableau des temps
Aux couleurs de l'espoir.

Douceur du moment
Loin des nouvelles de fureur
Une halte à la peur,
Une pause de bonheur,
Intime, unique moment…
Ressource inconnue de soi.

Douceur du moment
Quand les yeux se ferment
Le cœur bat la mesure
La raison s'apaise…
Et dans la magie du repos,
Se dessine la confiance.

« C'est le refrain de mes années d'enfance, qui me revient à chaque pas... »
Extrait de Le rocher (A/C Pierre Yves Léglise) – Album Christina Goh Concept – Christina Goh

IX
LE PRIX

Ils lui ont coûté cher :
La beauté sur le papier glacé,
La fierté des galas de charité,
Le champagne des soirées arrosées.

Quand elle cherche la tendresse
Elle signe ou tape un code
Et se transforme le cupide regard,
S'offre l'affection sur un plateau.

Mieux vaut sa vie, dit-on
A l'''humiliation des jours de misère,
Aux pleurs des vies de galère,
L'argent n'est-il pas le meilleur des amis ?

Il console en une facture
Son soutien laisse une trace en un reçu !
Mais d'où viendrait donc son manque ?
De l'imaginaire amer des anciens riches…

C'est ce qu'ils disent…

Mais vous savez,

Avant d'être si riche à en pleurer

Elle n'était déjà pas heureuse...

Elle s'est juste tromper de remède.

Certains ont besoin de plus,

(Reconnaissance)

Que d'espèces sonnantes et trébuchantes…

L'ignorance…

De soi.

Elle peut coûter cher !

Le prix…

Les puissants de ce monde

Les « puissants de ce monde »
Croient qu'ils le sont vraiment
Ne sont pas ceux qu'on pense
Dans les limousines ou à pieds,
Ils sont de toutes les origines.

Non,
Ne sont pas ce qu'on croit.
Les « puissants de ce monde »
Règnent sur les cœurs fragiles
Délient les assurances et rient
Tuent les rêves et discourent
Ils prennent plaisir à le faire…

Ne sont pas ceux qu'on croit.
Les « puissants de ce monde »
Cherchent désespérément
L'Amour.

Leur échappe. L'Amour
N'est ni esclave, ni cobaye.
Alors ils frappent.

Qui frappe est puissant
De ce monde, croient-ils.

Les faibles de ce monde

Les « faibles de ce monde »,
Croient qu'ils le sont vraiment
Ne sont pas ceux qu'on pense
Dans les palais ou les mansardes,
Ils habitent en tous lieux.

Non,
Ne sont pas ce qu'on croit.

Les « faibles de ce monde »
Finissent par apprendre à se taire
Dissimulent leurs espoir en folies
Troublés, ils errent, écoutent,
Echouent, s'en veulent, et pourtant…
Ne sont pas ceux qu'on croit.

Les « faibles de ce monde »
Tombent souvent en Amour.
Se donnent. Vraiment.

Puis se blessent. Alors de l'Amour,
Ils doutent.

Qui doute est faible
De ce monde, croient-ils.

« J'ai faim d'amour… »
*Extrait de Le prix – Album Christina Goh Concept
– Christina Goh*

X
SOUMAYA
(« Silence » en dioula, dialecte africain)

Humain

D'eau et d'air,
De terre et de feu.

Humain

De sentiments et d'émotions,
De réactions et d'actions.

Humain

De pensées et de rêves…
D'ombres et de lumières !

On croit que c'est la fin,

Mais il subsiste *quelque chose*,

Et même si…

Ce *quelque chose* parle encore…

C'est un cri silencieux :

Humain !

Humain !

Humain !

« Ma terre a sa valeur… »
Extrait de Soumaya – Album Christina Goh
Concept – Christina Goh

EPILOGUE

Certains ne se résignent jamais
Ils gardent au fond d'eux la force
Le désir d'y croire encore.

Ils choisissent la vie à chaque fois
Comme s'ils n'avaient pas le choix
C'est cette assurance qui trouble…

Certains ne se résignent jamais
Ils guettent les signes dans la routine
Défient la crainte d'être différent.

Le cynisme les heurte de plein fouet,
Mais c'est comme si… Le mépris
Les faisait avancer… Encore plus loin.

Et dans les moments de doutes
Ils pleurent puis sourient encore…
Certains ne se résignent jamais.

Table des matières

Christina Goh Concept…………..   11

I.   J'ai fui ……………..   13

II.   Moin le allé……………..   17

III.   C'est un jeu ……………   21

IV.   En équilibre ……………   25

V.   Dans l'ombre ……………   29

VI.   Raison voilée ……………   33

VII.   Solitude …………….…   37

VIII.   Le rocher ………………   41

IX.   Le prix …………………   45

X.   Soumaya ………………   51

Epilogue ……………….........   53

Quelques mots sur l'auteur

Christina Goh est auteur-compositeur et interprète. Cette chanteuse française d'origine ivoiro-martiniquaise avait d'abord opté pour le journalisme avant de succomber à sa passion pour la musique.

« Le concept en poèmes » est le deuxième recueil de cet auteur à la plume si particulière, et donne un nouvel éclairage sur l'album musical du même nom.

**Découvrez l'univers musical et poétique de
Christina Goh**

www.christinagoh.net